Daehanminguk Hapkido
Self-defense Martial Art

대한민국합기도

호 신 술

최 방 호

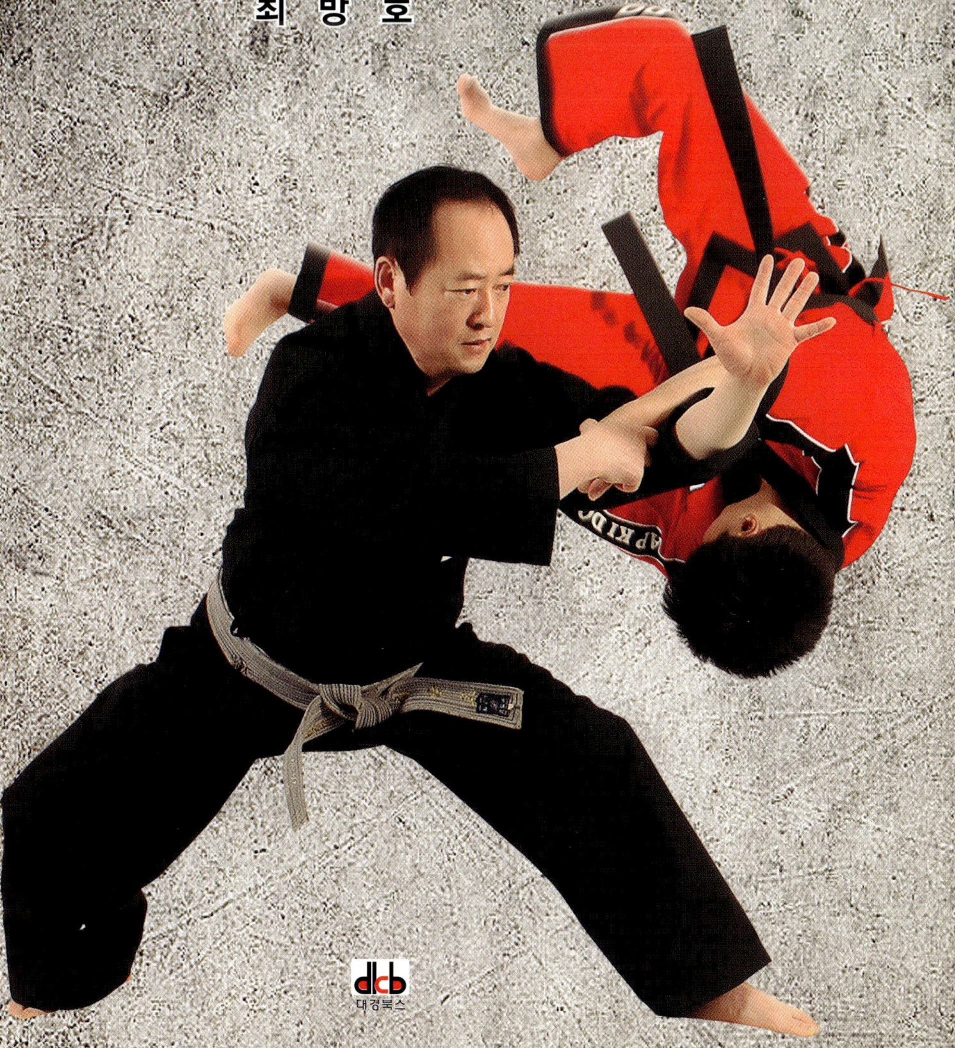

대경북스

저 | 자 | 소 | 개

최 방 호

이학박사
대림대학교 사회체육과 교수
사단법인 대한민국합기도협회 회장

연구논문
전통무술 합기도의 해외보급 민간외교활동과 발전방향 연구
합기도장의 공간 분포와 입지특성에 관한 국제비교연구
독일 합기도장의 공간 확산과 시설운영 특성
우리나라의 합기도장의 입지 특성과 이용행태 분석
무술의 대중화로서 충주무술축제의 시사점과 발전방향
합기도장 프로그램의 특성 분석
수요자 중심의 합기도장 경영활성화 연구
스포츠활동 장소로의 동굴

수상내역
이명박 대통령상 수상(2회)
미국 조지 부시 대통령체육상 수상
문화체육관광부 장관상 수상(2회)
서울특별시 시장상 수상(2회)

시 | 연 | 자 | 소 | 개

최 길 봉

사단법인 대한민국합기도협회 부회장
사단법인 대한민국합기도협회 기술분과위원장
사단법인 대한민국합기도협회 유럽총관장

손 일 오

2009 유럽국제합기도대회 챔피언
중앙합기도체육관 관장
드라마 '자이언트', '마이더스' 액션배우
영화 '써니' 액션배우
대림대학교 합기도시범단 주장 역임
이명박 대통령상 수상

대한민국합기도 호신술

초판인쇄/2012년 3월 10일
초판발행/2012년 3월 15일
발행인/민유정
발행처/대경북스
ISBN/978-89-5676-371-2

이 책은 저작권법에 따라 보호받는 저작물이므로 무단전재와 복제를 금지하며, 책 내용의 전부 또는 일부를 이용하려면 반드시 대경북스의 동의를 받아야 합니다.

등록번호 제 1-1003호
서울시 강동구 성내동 409-5 서림빌딩 2F · 전화 : 02) 485-1988, 485-2586~87
팩스 : 02) 485-1488 · e-mail:dkbooks@chol.com · http://www.dkbooks.co.kr

머리말

합기도를 하나의 무도 종목으로만 이해해서는 안 된다. 합기도는 이미 우리 민족의 무형문화유산인 동시에 무한한 교육적 가치를 내포하고 있는 문화인 것이다.

최근 들어 무도계 전반에 걸쳐 합기도에 관한 학문적 관심이 고조되고 크게 이목을 끌고 있다는 것은 그동안 다른 엘리트 종목에 비해 합기도에 대한 체계적이고 과학적인 연구가 미흡했다는 반증이기도 하다.

본 교재가 명실공히 합기도와 무도 전공자를 위한 대학의 정규교과과정의 수업교재로 쓰임으로써, 이제는 합기도가 엘리트 스포츠의 경시적인 시점에서 벗어나 학계의 관심 속에 체계적이고 과학적인 전공과목으로서의 정체성을 확립했다는 것에 자긍심을 느낀다.

또한 본 교재가 현장의 지도자들에게 합기도 호신술 교재로 활용되는 것은 물론 학생들에게는 호신술 수련의 지침서 역할을 할 수 있기를 바란다. 그리고 나아가 우리나라 합기도 발전에 조금이나마 보탬이 될 수 있기를 바란다.

본 교재에는 상대의 힘을 역이용하여 상대를 제압하는 합기도 호신술의 다양한 기술이 수록되어 있으며, 쉽게 이해할 수 있도록 여러 각도에서 촬영된 사진을 수록하였다. 동시에 영문 설명을 병기하여 합기도 세계화의 일익을 담당할 수 있도록 하였다.

끝으로 이 책이 나오기까지 도움을 주신 도서출판 대경북스의 민유정 사장님과 김영대 전무님, 그리고 뜻을 모아 함께 노력한 대한민국합기도협회 최길봉 부회장, 박성종 사무총장, 손일오 관장께 고마움을 전한다.

2012년 2월

저 자 씀

차 례

제1부 손목수 Son Mok Su

1. 손빼기(Son Pe Gi) ·· 12
   1) 손빼기(Son Pe Gi) 1 ··· 12
   2) 손빼기(Son Pe Gi) 2 ··· 14
   3) 손빼기(Son Pe Gi) 3 ··· 16
   4) 손빼기(Son Pe Gi) 4 ··· 18
   5) 손빼기(Son Pe Gi) 5 ··· 20
   6) 손빼기(Son Pe Gi) 6 ··· 22
   7) 손빼기(Son Pe Gi) 7 ··· 24
2. 손목수 치기(Son Mok Su Chi Gi) ·· 26
   1) 손목수 치기(Son Mok Su Chi Gi) 1 ····························· 26
   2) 손목수 치기(Son Mok Su Chi Gi) 2 ····························· 28
   3) 손목수 치기(Son Mok Su Chi Gi) 3 ····························· 30
   4) 손목수 치기(Son Mok Su Chi Gi) 4 ····························· 32
   5) 손목수 치기(Son Mok Su Chi Gi) 5 ····························· 34
   6) 손목수 치기(Son Mok Su Chi Gi) 6 ····························· 36
   7) 손목수 치기(Son Mok Su Chi Gi) 7 ····························· 38
3. 손목수 후면(Son Mok Su Hoo Myun) ································· 40
   1) 손목수 후면(Son Mok Su Hoo Myun) 1 ······················ 40
   2) 손목수 후면(Son Mok Su Hoo Myun) 2 ······················ 42
   3) 손목수 후면(Son Mok Su Hoo Myun) 3 ······················ 44

4) 손목수 후면(Son Mok Su Hoo Myun) 4 ································· 46
   5) 손목수 후면(Son Mok Su Hoo Myun) 5 ································· 48
   6) 손목수 후면(Son Mok Su Hoo Myun) 6 ································· 50
4. 손목수 꺾기(Son Mok Su Kuk Ki) ·· 52
   1) 손목수 꺾기(Son Mok Su Kuk Ki) 1 ······································ 52
   2) 손목수 꺾기(Son Mok Su Kuk Ki) 2 ······································ 54
   3) 손목수 꺾기(Son Mok Su Kuk Ki) 3 ······································ 56
   4) 손목수 꺾기(Son Mok Su Kuk Ki) 4 ······································ 58
   5) 손목수 꺾기(Son Mok Su Kuk Ki) 5 ······································ 60
   6) 손목수 꺾기(Son Mok Su Kuk Ki) 6 ······································ 62
   7) 손목수 꺾기(Son Mok Su Kuk Ki) 7 ······································ 64
   8) 손목수 꺾기(Son Mok Su Kuk Ki) 8 ······································ 66
5. 손목수 던지기(Son Mok Su Dun Ji Gi) ······································· 68
   1) 손목수 던지기(Son Mok Su Dun Ji Gi) 1 ································ 68
   2) 손목수 던지기(Son Mok Su Dun Ji Gi) 2 ································ 70
   3) 손목수 던지기(Son Mok Su Dun Ji Gi) 3 ································ 72
   4) 손목수 던지기(Son Mok Su Dun Ji Gi) 4 ································ 74
   5) 손목수 던지기(Son Mok Su Dun Ji Gi) 5 ································ 76
   6) 손목수 던지기(Son Mok Su Dun Ji Gi) 6 ································ 78
   7) 손목수 던지기(Son Mok Su Dun Ji Gi) 7 ································ 80
6. 손목수 차기(Son Mok Su Cha Gi) ·· 82
   1) 손목수 차기(Son Mok Su Cha Gi) 1 ······································ 82
   2) 손목수 차기(Son Mok Su Cha Gi) 2 ······································ 84
   3) 손목수 차기(Son Mok Su Cha Gi) 3 ······································ 86
   4) 손목수 차기(Son Mok Su Cha Gi) 4 ······································ 88
   5) 손목수 차기(Son Mok Su Cha Gi) 5 ······································ 90
   6) 손목수 차기(Son Mok Su Cha Gi) 6 ······································ 92
   7) 손목수 차기(Son Mok Su Cha Gi) 7 ······································ 94
   8) 손목수 차기(Son Mok Su Cha Gi) 8 ······································ 96

제2부 의복수 Ew Bok Su

1. 의복수 전면(Euw Bok Su Jun Myun) …………………………………… 100
    1) 의복수 전면(Euw Bok Su Jun Myun) 1 ……………………………100
    2) 의복수 전면(Euw Bok Su Jun Myun) 2……………………………102
    3) 의복수 전면(Euw Bok Su Jun Myun) 3……………………………104
    4) 의복수 전면(Euw Bok Su Jun Myun) 4 ……………………………106
    5) 의복수 전면(Euw Bok Su Jun Myun) 5……………………………108
    6) 의복수 전면(Euw Bok Su Jun Myun) 6……………………………110
    7) 의복수 전면(Euw Bok Su Jun Myun) 7……………………………112
    8) 의복수 전면(Euw Bok Su Jun Myun) 8……………………………114
    9) 의복수 전면(Euw Bok Su Jun Myun) 9……………………………116
    10) 의복수 전면(Euw Bok Su Jun Myun) 10……………………………118
    11) 의복수 전면(Euw Bok Su Jun Myun) 11……………………………120
    12) 의복수 전면(Euw Bok Su Jun Myun) 12……………………………122
    13) 의복수 전면(Euw Bok Su Jun Myun) 13……………………………124
    14) 의복수 전면(Euw Bok Su Jun Myun) 14……………………………126
    15) 의복수 전면(Euw Bok Su Jun Myun) 15……………………………128
    16) 의복수 전면(Euw Bok Su Jun Myun) 16……………………………130
    17) 의복수 전면(Euw Bok Su Jun Myun) 17……………………………132
    18) 의복수 전면(Euw Bok Su Jun Myun) 18……………………………134
    19) 의복수 전면(Euw Bok Su Jun Myun) 19……………………………136
    20) 의복수 전면(Euw Bok Su Jun Myun) 20……………………………138
    21) 의복수 전면(Euw Bok Su Jun Myun) 21……………………………140
    22) 의복수 전면(Euw Bok Su Jun Myun) 22 ……………………………142
    23) 의복수 전면(Euw Bok Su Jun Myun) 23 ……………………………144
    24) 의복수 전면(Euw Bok Su Jun Myun) 24 ……………………………146
    25) 의복수 전면(Euw Bok Su Jun Myun) 25 ……………………………148

26) 의복수 전면(Euw Bok Su Jun Myun) 26 ·· 150
27) 의복수 전면(Euw Bok Su Jun Myun) 27 ·· 152
28) 의복수 전면(Euw Bok Su Jun Myun) 28 ·· 154
29) 의복수 전면(Euw Bok Su Jun Myun) 29 ·· 156
30) 의복수 전면(Euw Bok Su Jun Myun) 30 ·· 158
2. 의복수 후면(Euw Bok Su Hoo Myun) ··· 160
1) 의복수 후면(Euw Bok Su Hoo Myun) 1 ·· 160
2) 의복수 후면(Euw Bok Su Hoo Myun) 2 ·· 162
3) 의복수 후면(Euw Bok Su Hoo Myun) 3 ·· 164
4) 의복수 후면(Euw Bok Su Hoo Myun) 4 ·· 166
5) 의복수 후면(Euw Bok Su Hoo Myun) 5 ·· 168
6) 의복수 후면(Euw Bok Su Hoo Myun) 6 ·· 170
7) 의복수 후면(Euw Bok Su Hoo Myun) 7 ·· 172
8) 의복수 후면(Euw Bok Su Hoo Myun) 8 ·· 174
9) 의복수 후면(Euw Bok Su Hoo Myun) 9 ·· 176

제3부 안았을 때 Hold You

1. 앞쪽에서 안았을 때(Hold You, Front) ·· 180
   1) 앞쪽에서 안았을 때(Hold You, Front) 1 ··· 180
   2) 앞쪽에서 안았을 때(Hold You, Front) 2 ··· 182
   3) 앞쪽에서 안았을 때(Hold You, Front) 3 ··· 184
   4) 앞쪽에서 안았을 때(Hold You, Front) 4 ··· 186
   5) 앞쪽에서 안았을 때(Hold You, Front) 5 ··· 188
   6) 앞쪽에서 안았을 때(Hold You, Front) 6 ··· 190
   7) 앞쪽에서 안았을 때(Hold You, Front) 7 ··· 192
2. 뒤쪽에서 안았을 때(Hold You, back) ··· 194
   1) 뒤쪽에서 안았을 때(Hold You, back) 1 ··· 194

2) 뒤쪽에서 안았을 때(Hold You, back) 2 ·· 196
3) 뒤쪽에서 안았을 때(Hold You, back) 3 ·· 198
4) 뒤쪽에서 안았을 때(Hold You, back) 4 ·· 200
5) 뒤쪽에서 안았을 때(Hold You, back) 5 ·· 202
6) 뒤쪽에서 안았을 때(Hold You, back) 6 ·· 204
7) 뒤쪽에서 안았을 때(Hold You, back) 7 ·· 206
8) 뒤쪽에서 안았을 때(Hold You, back) 8 ·· 208
9) 뒤쪽에서 안았을 때(Hold You, back) 9 ·· 210
10) 뒤쪽에서 안았을 때(Hold You, back) 10 ·· 212
11) 뒤쪽에서 안았을 때(Hold You, back) 11 ·· 214
12) 뒤쪽에서 안았을 때(Hold You, back) 12 ·· 216
13) 뒤쪽에서 안았을 때(Hold You, back) 13 ·· 218
14) 뒤쪽에서 안았을 때(Hold You, back) 14 ·· 220
15) 뒤쪽에서 안았을 때(Hold You, back) 15 ·· 222

제1부
손목수 Son Mok Su

1. 손빼기(Son Pe Gi)

1) 손빼기(Son Pe Gi) 1

손빼기 1-1 왼손목 잡혔을때
Someone grabs your left-wrist.

손빼기 1-2 왼발 앞으로 나가며 왼팔꿈치를 구부린다.
Step your left-leg forward and bend your left-elbow.

손빼기 1-3 팔꿈치를 앞으로 밀며, 손을 위로 올려 뺀다.
Lift your left bent-elbow up and take your wrist out (Son Pe Gi).

2) 손빼기(Son Pe Gi) 2

손빼기 2-1 왼손목 잡혔을 때
Someone grabs your left wrist.

손빼기 2-2 왼발이 앞으로 나가며 왼팔꿈치를 구부린다.
Step your left-leg forward and bend your left-elbow.

손빼기 2-3 팔꿈치가 앞으로 나가면서 손바닥이 지면을 향하게 틀어 빼다.
Turn your hand over, looking down, and move forward your bent-arm to take your wrist out(Son Pe Gi).

3) 손빼기(Son Pe Gi) 3

손빼기 3-1 왼손목 잡혔을 때
Someone grabs your left wrist.

손빼기 3-2 왼발 앞으로 나가며 팔꿈치는 편 상태로 손바닥이 자신의 몸쪽으로 향하게 틀어 아래로 내려 뺀다.

Step your left-leg forward and turn your hand over, looking to you, to take your wrist out(Son Pe Gi).

4) 손빼기(Son Pe Gi) 4

손빼기 4-1 왼손목 잡혔을 때
Someone grabs your left wrist.

손빼기 4-2 오른발이 상대 오른쪽 바깥으로 들어가며 상대의 어깨 밑으로 빠져나간다.
Step your left foot forward under someone's shoulder to get out.

손빼기 4-3 몸을 틀어 전방을 향한다.
Turn your body to look forward.

손빼기 4-4 손을 앞을 향하여 틀어 뺀다.
Stretch out your arm to take your wrist out(Son Pe Gi).

5) 손빼기(Son Pe Gi) 5

손빼기 5-1 안손목 잡혔을 때
Someone grabs your inside-wrist.

손빼기 5-2 왼발이 앞으로 들어가며 왼팔꿈치를 구부린다.
Step left foot forward and bend your left-elbow.

손빼기 5-3 팔꿈치를 앞으로 밀며 손을 위로 올려 뺀다.
Lift your elbow up to take your wrist out(Son Pe Gi).

6) 손빼기(Son Pe Gi) 6

손빼기 6-1 안손목 잡혔을 때
Someone grabs your inside-wrist.

손빼기 6-2 왼발이 앞으로 나가며 왼팔꿈치를 앞으로 밀고 손바닥이 지면을 향하게 틀어 뺀다.
One step forward and bend your left elbow to take your wrist out(Son Pe Gi).(at that time, your hand should be looking down)

7) 손빼기(Son Pe Gi) 7

손빼기 7-1 안손목 잡혔을 때
Someone grabs your inside-wrist.

손빼기 7-2 왼발이 앞으로 나가며 상체를 앞으로 굽혀 상대의 손을 가슴에 밀착시킨다.
One step forward and stoop your body to stick someone's hand fast to your chest.

손빼기 7-3 체중을 뒤로 이동하며 상대의 팔을 끌어당긴다.
Move your body weight back and draw someone's hand near to you.

손빼기 7-4 몸을 왼쪽으로 틀며 손목을 상대의 바깥쪽으로 돌린다.
Turn to the left side and make someone's wrist turn to the outside.

손빼기 7-5 체중을 앞으로 이동하며 상대의 손을 앞으로 밀어 빼다.
Move your body weight forward and push someone's hand to get out(Son Pe Gi)

2. 손목수 치기(Son Mok Su Chi Gi)

1) 손목수 치기(Son Mok Su Chi Gi) 1

손목수 치기 1-1 왼손목 잡혔을 때
Someone grabs your left-wrist.

손목수 치기 1-2 오른발이 앞으로 나간다.
Step your right-leg forward.

손목수 치기 1-3 오른쪽 수도로 상대방의 손목을 친다.
Attack someone's wrist with your hand(Son Mok Su Chi Gi).

손목수 치기 1-4 오른쪽 수도로 상대방의 목을 친다.
Attack someone's neck with your hand(Son Mok Su Chi Gi).

2) 손목수 치기(Son Mok Su Chi Gi) 2

손목수 치기 2-1 왼손목 잡혔을 때
Someone grabs your left-wrist.

손목수 치기 2-2 왼발이 앞으로 나간다.
Step your left-leg forward.

손목수 치기 2-3 오른손 망치로 상대방의 수삼리를 친다.
Attack someone's elbow (Su Sam Li) with your right hand(Mang Chi).

손목수 치기 2-4 상대방의 관자놀이를 친다.
Attack someone's Guan Ja Nol Ee.

3) 손목수 치기(Son Mok Su Chi Gi) 3

손목수 치기 3-1 왼손목 잡혔을 때
Someone grabs your left-wrist.

손목수 치기 3-2 오른발 상대쪽으로 깊숙히 들어가며 왼손 들어 올린다.
Step your right-leg forward and lift your left-hand.

손목수 치기 3-3 오른팔꿈치로 상대의 갈비뼈를 친다.
Attack someone's rib with your right-elbow.

4) 손목수 치기(Son Mok Su Chi Gi) 4

손목수 치기 4-1 오른손목 잡혔을 때
Someone grabs your right-wrist.

손목수 치기 4-2 오른발이 앞으로 나가며 오른손을 앞으로 뺀다(손빼기 3번).
One step forward and take your right hand out(Son Pe Gi). (as Son Pe Gi 3-1).

손목수 치기 4-3 팔꿈치로 상대방의 명치를 친다.
Attack someone's pit of the stomach with your elbow.

5) 손목수 치기(Son Mok Su Chi Gi) 5

손목수 치기 5-1 왼손목 잡혔을 때
Someone grabs your left-wrist.

손목수 치기 5-2 사진참조.
See the Picture.

손목수 치기 5-3 오른발이 상대편 깊숙히 들어가며 수도로 상대의 손목을 친다.
Get into someone's right-side and attack someone's wrist. with your hand(Son Mok Su Chi Gi).

손목수 치기 5-4 사진참조.
See the picture.

손목수 치기 5-3 몸통을 돌려 왼 팔꿈치로 상대의 명치를 친다.
Turn your body and attack someone's pit of the stomach(Myung Chi) with your left-elbow.

6) 손목수 치기(Son Mok Su Chi Gi) 6

손목수 치기 6-1 왼손목 잡혔을 때
Someone grabs your left-wrist.

손목수 치기 6-2 왼발이 앞으로 나아간다.
Step your left-leg forward.

손목수 치기 6-3 오른손 호구로 상대방의 목을 친다.
Attack someone's neck with your right-Ho Gu.

7) 손목수 치기(Son Mok Su Chi Gi) 7

손목수 치기 7-1 오른손목 잡혔을 때
Someone grabs your right-wrist.

손목수 치기 7-2 오른발이 우측으로 45도 앞으로 나가며 오른손을 틀어 뺀다.
Move your right-leg to 45 degrees forward and get your right-hand out.

손목수 치기 7-3 오른팔꿈치로 상대방의 갈비뼈를 친다.
Attack someone's rib with your right-elbow.

3. 손목수 후면(Son Mok Su Hoo Myun)

1) 손목수 후면(Son Mok Su Hoo Myun) 1

손목수 후면 1-1 뒤에서 양손목 잡혔을 때
Someone grabs your both wrists from behind.

손목수 후면 1-2 한 발 앞으로 나가며 한쪽 다리를 들어올린다.
Take one step forward and lift up the other leg.

손목수 후면 1-3 들어올린 다리로 뒷차기
Kick back(Dui Cha Gi).

2) 손목수 후면(Son Mok Su Hoo Myun) 2

손목수 후면 2-1 뒤에서 양손목 잡혔을 때
Someone grabs your both wrists from behind.

손목수 후면 2-2 왼발이 상대의 양 다리 사이로 빠지며 왼손으로 상대의 왼손 수도 부위를 감싸잡는다.
Put in your left-leg between someone's legs, and grab someone's left-Son Mok Su Chi Gi.

손목수 후면 2-3 허리를 숙이며 왼손으로 상대의 종아리 부위를 잡는다.
Bend your body and grab someone's calf with your left-hand.

손목수 후면 2-4 밑업어던지기
Mit Up Uh Dun Ji Gi

손목수 후면 2-5 사진 참조
See the picture.

3) 손목수 후면(Son Mok Su Hoo Myun) 3

손목수 후면 3-1 뒤에서 양손목 잡혔을 때
Someone grabs your both wrists from behind.

손목수 후면 3-2 체중을 왼쪽으로 이동한다.
Move your body weight to the left-side.

손목수 후면 3-3 왼발을 상대 오른쪽으로 길게 빠지며 상대 겨드랑이 밑으로 빠져나가 양손목을 돌려 잡는다.
Get out your left-leg to someone's right-side and your body through someone's armpit, and grab someone's both wrists.

손목수 후면 3-4 상대의 팔을 교차시켜 꺾는다.
Cross-twist the arms.

손목수 후면 3-5 상대의 팔을 교차시킨 채 내리 누른다.
Push the arms down.

손목수 후면 3-6 사진 참조
See the picture.

4) 손목수 후면(Son Mok Su Hoo Myun) 4

손목수 후면 4-1 뒤에서 양 손목을 치켜올려 잡혔을 때
Someone grabs your both wrists from behind and lift them up.

손목수 후면 4-2 한 발 앞으로 나가며 한쪽 다리를 들어올린다.
Take one step forward and lift up the other leg.

손목수 후면 4-3 들어올린 다리로 뒷차기
Kick back(Duit Cha Gi).

5) 손목수 후면(Son Mok Su Hoo Myun) 5

손목수 후면 5-1 뒤에서 양손목 잡아 치켜 올렸을 때
Someone holds your both wrists up at behind.

손목수 후면 5-2 상체를 앞으로 숙인다.
Bend your body down.

손목수 후면 5-3 상체를 돌리며 오른손으로 상대 손목을 잡는다.
Turn your body and grab someone's wrist with your right-hand.

손목수 후면 5-4 상체를 세워 돌리며 상대의 손목을 꺾는다.
Straighten up your upper body and twist the wrist.

손목수 후면 5-5 몸을 회전시켜 상대의 손목을 꺾는다.
Turn your body to twist the wrist.

손목수 후면 5-6 사진 참조
See the picture.

6) 손목수 후면(Son Mok Su Hoo Myun) 6

손목수 후면 6-1 뒤에서 양손목 잡혔을 때
Someone grabs your both wrists from behind.

손목수 후면 6-2 체중을 왼쪽으로 이동한다.
Move your body weight to the left-side.

손목수 후면 6-3 왼발을 상대 오른쪽으로 길게 빼면서 양손목을 돌려 잡는다.
Get your left-leg out and grab someone's both wrists.

손목수 후면 6-4 칼넣기
Kal Nut Ki.

손목수 후면 6-5 사진 참조
See the picture.

4. 손목수 꺾기(Son Mok Su Kuk Ki)

1) 손목수 꺾기(Son Mok Su Kuk Ki) 1

손목수 꺾기 1-1 왼손목 잡혔을 때
Someone grabs your left-wrist.

손목수 꺾기 1-2 왼발을 전진시키며 왼손을 45도 앞으로 민다.
Step your left-leg forward and push your left-arm at 45 degrees.

손목수 꺾기 1-3 밀었던 손을 당기며 오른손으로 밑에서 엄지 부위를 잡는다.
Pull your pushed-arm and grab the part of someone's thumb with your right-hand.

제1부 손목수 · 53

손목수 꺾기 1-4 왼손을 빼서 상대방의 손밑에서 위로 수도 부위를 잡는다.
Get your left-hand out and grab someone's wrist(Son Mok Su Chi Gi).

손목수 꺾기 1-5 왼발을 뒤로 길게 빼며 오른손을 당기고 왼손을 밀며 손목을 꺾는다.
Get your left-leg back, and twist someone's wrist while pulling your right-hand and pushing your left-hand.

손목수 꺾기 1-6 상대 팔을 상대방의 귀 옆으로 바짝 당기며 무릎으로 상대방의 팔을 눌러 제압한다.
Pull someone's hand near to the ear and push down with your knee to control.

2) 손목수 꺾기(Son Mok Su Kuk Ki) 2

손목수 꺾기 2-1 오른손목 잡혔을 때
Someone grabs your right-wrist.

손목수 꺾기 2-2 오른발이 앞으로 나가며 오른손을 앞으로 민다.
One step forward and push your right-arm forward.

손목수 꺾기 2-3 왼손으로 상대의 수도부위를 잡는다.
Grab someone's wrist(Son Mok Su Chi Gi) with

손목수 꺾기 2-4 중심을 뒤로 이동하며 손을 밖에서 안으로 돌려 세운다.
Get your body-weight back and turn your hand in from the outside.

손목수 꺾기 2-5 잡은 손을 왼쪽 가슴 아래에 밀착시키고 오른손은 상대의 팔꿈치위에 밀착시킨다.
Put your left-hand on your left-chest and stick your right-hand fast to someone's elbow.

손목수 꺾기 2-6 오른손 칼넣기
Put your right-hand in(Kal Nut Ki).

3) 손목수 꺾기(Son Mok Su Kuk Ki) 3

손목수 꺾기 3-1 오른손목 잡혔을 때
Someone grabs your right-wrist.

손목수 꺾기 3-2 오른발이 앞으로 나가며 오른손을 상대방의 앞으로 민다.
Step your right-leg forward and push your right-hand in front of someone.

손목수 꺾기 3-3 왼손으로 상대방의 수도 부위를 감싸 잡는다.
Grab someone's wrist(Son Mok Su Chi Gi) with your left-hand.

손목수 꺾기 3-4 상대방의 손을 당기며 오른손을 상대방의 손목 아래서 위로 잡는다.
Pull someone's hand and grab someone's wrist from the under to the top.

손목수 꺾기 3-5 사진 참조
See the picture.

손목수 꺾기 3-6 상대방 팔 겨드랑 꺾기
Twist the arm(Pal Ghu Du Rang Kuk Ki)

4) 손목수 꺾기(Son Mok Su Kuk Ki) 4

손목수 꺾기 4-1 오른손목 잡혔을 때
Someone grabs your right-wrist.

손목수 꺾기 4-2 오른발이 앞으로 나가며 왼손으로 상대의 손목을 잡고 오른손을 뺀다.
Step your right-leg forward and grab someone's wrist with your left-hand. and then, take your right-hand out(Son Pe Gi).

손목수 꺾기 4-3 오른손 아래서 위로 왼손목을 감싸잡고 상대의 손바닥을 띠 앞에 고정시킨다.
Grab someone's left-wrist with your right-hand and put someone's hand on in front of your belt.

손목수 꺾기 4-4 오른팔로 팔꿈치를 눌러꺾는다.
Twist someone's arm with your right-hand(Kuk Ki).

5) 손목수 꺾기(Son Mok Su Kuk Ki) 5

손목수 꺾기 5-1 오른손목이 잡혔을 때
Someone grabs your right-wrist.

손목수 꺾기 5-2 오른발이 앞으로 나가며 오른손으로 상대의 손목을 잡고 오른손을 뺀다.
Step your right-leg forward and grab someone's wrist with your left hand. and then, take your right-hand out(Son Pe Gi).

손목수 꺾기 5-3 오른손으로 상대의 팔꿈치 안쪽을 잡는다.
Grab someone's inside-elbow with your right-hand.

손목수 꺾기 5-4 팔꿈치를 수직으로 들어올린다.
Lift the elbow up.

손목수 꺾기 5-5 오른발을 깊숙히 들이밀면서 팔꿈치를 밀어꺾는다.
Get your right-leg in and twist the elbow(Pal Kum Chi Kuk Ki).

6) 손목수 꺾기(Son Mok Su Kuk Ki) 6

손목수 꺾기 6-1 오른손목이 잡혔을 때
Someone grabs your right-wrist.

손목수 꺾기 6-2 왼손으로 상대의 오른손목을 잡는다.
Grab someone's right-wrist with your left-hand.

손목수 꺾기 6-3 왼발이 45도 앞으로 나가며, 오른손을 뺀다.
Step your left-leg forward at 45 degrees and take your right-hand out(Son Pe Gi).

손목수 꺾기 6-4 오른손으로 상대의 손등을 감싸 잡는다.
Grab someone's back of the hand with your right-hand.

손목수 꺾기 6-5 내회전 손목꺾기
Twist the wrist to the inside(Nae Hoi Jun Son Mok Kuk Ki).

손목수 꺾기 6-6 왼손 상대손목 바깥으로 당긴 오른손으로 상대 팔굽 눌러 제압
Pull someone's wrist to the outside and push someone's elbow down to control.

7) 손목수 꺾기(Son Mok Su Kuk Ki) 7

손목수 꺾기 7-1 왼손목이 잡혔을 때
Someone grabs your left-wrist.

손목수 꺾기 7-2 오른손으로 상대의 손목을 잡는다.
Grab someone's wrist with your right-hand.

손목수 꺾기 7-3 왼발이 45도 앞으로 깊이 들어가며, 왼손을 뺀다.
Step your left-leg forward at 45 degrees and take your left-hand out(Son Pe Gi).

손목수 꺾기 7-4 왼손으로 상대의 손등을 감싸 잡는다.
Grab someone's back of the hand with your left-hand.

손목수 꺾기 7-5 손목꺾기
Twist the wrist(Son Mok Kuk Ki).

손목수 꺾기 7-6 무릎으로 상대의 위팔을 누르고 손목을 꺾어서 제압한다.
Push down with your knee on someone's arm to control.

8) 손목수 꺾기(Son Mok Su Kuk Ki) 8

손목수 꺾기 8-1 왼손목 잡혔을 때
Someone grabs your left-wrist.

손목수 꺾기 8-2 왼손으로 상대의 손목을 돌려잡고, 오른손 엄지로 상대 팔꿈치를 눌러 잡는다.
Grab someone's wrist with your left-hand and someone's elbow with your right-thumb.

손목수 꺾기 8-3 상대 팔 밑으로 빠져나가 상대방 등뒤로 내회전.
Go through under someone's shoulder to stand back(Nae Hoi Jun).

손목수 꺾기 8-4 상대방의 등뒤에서 상대의 팔을 꺾어 올린다.
Lift someone's arm up as twisting when you are standing on behind of someone.

손목수 꺾기 8-5 상대의 오금에 안다리를 차넣기.
Kick someone's leg in with your right leg(An Da Ri Cha Nut Ki).

5. 손목수 던지기(Son Mok Su Dun Ji Gi)

1) 손목수 던지기(Son Mok Su Dun Ji Gi) 1

손목수 던지기 1-1 왼손목 잡혔을 때
Someone grabs your left-wrist.

손목수 던지기 1-2 오른발이 상대 오른발의 앞으로 들어간다.
Get your right-leg in to someone's leg.

손목수 던지기 1-3 오른손으로 상대 오른손의 위 팔부위를 잡는다.
Grab someone's upper-right-hand.

손목수 던지기 1-4 상대의 겨드랑이 밑으로 들어간다.
Get into under someone's shoulder.

손목수 던지기 1-5 업어 던지기
Throw(Up Uh Dun Ji Gi).

손목수 던지기 1-6 사진 참조
See the picture.

2) 손목수 던지기(Son Mok Su Dun Ji Gi) 2

손목수 던지기 2-1 왼손목 잡혔을 때
Someone grabs your left-wrist.

손목수 던지기 2-2 오른발이 상대 오른발의 앞으로 나간다.
Get your right-leg in to someone's leg.

손목수 던지기 2-3 왼손으로 상대의 손목을 돌려 잡고 오른팔로 상대의 위팔을 감아 잡는다.
Grab someone's upper-right-hand.

손목수 던지기 2-4 상대의 겨드랑이 밑으로 들어간다.
Get into under someone's shoulder.

손목수 던지기 2-5 팔감아던지기
Throw(Pal Gam Ah Dun Ji Gi).

손목수 던지기 2-6 사진 참조
See the picture.

3) 손목수 던지기(Son Mok Su Dun Ji Gi) 3

손목수 던지기 3-1 오른손목 잡혔을 때
Someone grabs your right-wrist.

손목수 던지기 3-2 왼발이 상대의 오른발 앞으로 들어가며 왼손으로 상대의 손목을 잡고 오른손을 뺀다.
Get your left-leg into to put it on someone's right leg.

손목수 던지기 3-3 오른손을 상대의 팔꿈치 밑에서 잡는다.
Grab someone's inside-elbow with your left-hand.

손목수 던지기 3-4 상대의 겨드랑이 밑으로 들어간다.
Get into under someone's shoulder.

손목수 던지기 3-5 어깨걸어던지기
Throw someone using the shoulder(Uh Ke Gul Uh Dun Ji Gi).

손목수 던지기 3-6 사진 참조
See the picture.

4) 손목수 던지기(Son Mok Su Dun Ji Gi) 4

손목수 던지기 4-1 오른손목 잡혔을 때
Someone grabs your right-wrist.

손목수 던지기 4-2 왼발이 상대의 오른발 앞으로 들어가며 왼손으로 상대의 손목을 잡고 오른손을 뺀다.
Get your left-leg into to put it on someone's right leg and grab someone's wrist with your left-hand to take your right-hand out.

손목수 던지기 4-3 상대의 겨드랑이 밑으로 들어간다.
Get into under someone's shoulder.

손목수 던지기 4-4 허리안아 던지기
Hold someone's waist to throw (Hu Li An Ah Dun Ji Gi).

손목수 던지기 4-5 사진참조
See the picture.

5) 손목수 던지기(Son Mok Su Dun Ji Gi) 5

손목수 던지기 5-1 오른손목 잡혔을 때
Someone grabs your right-wrist.

손목수 던지기 5-2 왼발이 상대의 왼발 앞으로 들어가며 왼손으로 상대의 손목을 잡고 오른손을 뺀다.
Get your left-leg into to put it on someone's right leg and grab someone's wrist with your left-hand to take your right-hand out.

손목수 던지기 5-3 몸을 돌려 상대의 겨드랑이 밑으로 들어간다.
Turn your body to get into someone's shoulder.

손목수 던지기 5-4 뒤업어던지기
Throw someone, back (Dui Up Uh Dun Ji Gi).

손목수 던지기 5-5 사진참조
See the picture.

6) 손목수 던지기(Son Mok Su Dun Ji Gi) 6

손목수 던지기 6-1 왼손목 잡혔을 때
Someone grabs your left-wrist.

손목수 던지기 6-2 왼발이 앞으로 나가며 왼손을 돌려 잡는다.
Step your left-leg forward and grab someone's wrist with your left-hand.

손목수 던지기 6-3 몸을 숙이며 상대의 허리 밑으로 들어간다.
Stoop your body to get into someone's waist.

손목수 던지기 6-4 밑업어 던지기
Throw someone, under(Mit Up Uh Dun Ji Gi).

제1부 손목수 · 79

손목수 던지기 6-5 사진참조
See the picture.

7) 손목수 던지기(Son Mok Su Dun Ji Gi) 7

손목수 던지기 7-1 왼손목 잡혔을 때
Someone grabs your left-wrist.

손목수 던지기 7-2 왼발이 좌로 45도 앞으로 나가며 왼손을 돌려 잡고 오른손으로 오른쪽 어깨를 민다.

Step your left-leg forward to the left-side at 45 degrees and turn your left-hand over to grab, also push someone's right-shoulder with your right-hand.

손목수 던지기 7-3 오른다리를 앞으로 찬다.
Kick your right-leg forward.

손목수 던지기 7-4 앞으로 찬 오른다리로 상대방의 오른다리를 걸어넘긴다.
Trip someone's right-leg up with your right-foot.

손목수 던지기 7-5 사진참조
See the picture.

6. 손목수 차기(Son Mok Su Cha Gi)

1) 손목수 차기(Son Mok Su Cha Gi) 1

손목수 차기 1-1 왼손목 잡혔을 때
Someone grabs your left-wrist.

손목수 차기 1-2 잡힌 손을 당기며 왼발을 든다.
Pulling your grabbed hand in and lifting your left-leg up.

손목수 차기 1-3 상대 무릎에 안다리로 차넣기
Kick someone's knee with your left-leg(An Da Ri Cha Nut Ki).

2) 손목수 차기(Son Mok Su Cha Gi) 2

손목수 차기 2-1 왼손목 잡혔을 때
Someone grabs your left-wrist.

손목수 차기 2-2 잡힌 손을 들어올리며 왼발을 들어올린다.
Lifting your grabbed hand up and left-leg up.

손목수 차기 2-3 정강이로 상대방의 다리를 찬다.
Kick someone's the femoral region with your left-leg(Da Ri Cha Gi).

3) 손목수 차기(Son Mok Su Cha Gi) 3

손목수 차기 3-1 왼손목 잡혔을 때
Someone grabs your left-wrist.

손목수 차기 3-2 잡힌 손을 들어올리며 왼 다리를 들어올린다.
Lifting your grabbed hand up and left-leg up.

손목수 차기 3-3 상대의 무릎안쪽 하단 옆차기
Kick someone's lower part of leg with your left-leg(Yup Cha Gi). (side-kick)

4) 손목수 차기(Son Mok Su Cha Gi) 4

손목수 차기 4-1 왼손목 잡혔을 때
Someone grabs your left-wrist.

손목수 차기 4-2 잡힌 손을 들어올리며 발을 들어 상대편의 오른다리 뒤쪽으로 뻗는다.
Lifting your grabbed hand up and left-leg up to strecth out.

손목수 차기 4-3 뒤꿈치 감아차기
Kick with your leg(Dui Kum Chi Gam Ah Cha Gi).

5) 손목수 차기(Son Mok Su Cha Gi) 5

손목수 차기 5-1 왼손목 잡혔을 때
Someone grabs your left-wrist.

손목수 차기 5-2 잡힌 손을 상대편의 뒤쪽으로 들어올리며 왼발을 상대의 오른발 앞으로 내딛는다.
Lifting your grabbed hand up(as the picture) and put your left-foot on in front of someone's right-foot.

손목수 차기 5-3 무릎 차올리기
Kick your knee up(Mu Lup Cha Ol Li Gi).

6) 손목수 차기(Son Mok Su Cha Gi) 6

손목수 차기 6-1 왼손목 잡혔을 때
Someone grabs your left-wrist.

손목수 차기 6-2 오른손으로 상대의 손을 잡고 들어올리며 왼다리를 안쪽으로 접어 들어올린다.
Grab someone's hand with your right-hand and lift your left-leg up.(inside).

손목수 차기 6-3 발등 빗겨차기
Use your top of foot to attack(from outside to inside)(Bal Dung Bit Gye Cha Gi).

손목수 차기 6-4 사진 참조
See the picture.

7) 손목수 차기(Son Mok Su Cha Gi) 7

손목수 차기 7-1 왼손목 잡혔을 때
Someone grabs your left-wrist.

손목수 차기 7-2 잡힌 손을 들어올리며 그 밑으로 빠져나간다.
Lifting the grabbed hand up and get out.

손목수 차기 7-3 상대방의 등 뒤에서 오른다리를 축으로 왼다리를 들어올린다.
Life your left-leg up when you are standing on behind of someone.

손목수 차기 7-4 뒤꿈치 돌려차기
Kick with your left-leg(Dui Kum Chi Dol Rye Cha Gi). (See the picture)

8) 손목수 차기(Son Mok Su Cha Gi) 8

손목수 차기 8-1 왼손목 잡혔을 때
Someone grabs your left-wrist.

손목수 차기 8-3 오른손으로 상대의 손을 맞잡고 앞차기
Grab someone's hand with your right-hand and kick with your tiptoe(Ap Cha Gi).

손목수 차기 8-3 사진 참조
See the picture.

제2부
의복수 Euw Bok Su

1. 의복수 전면(Euw Bok Su Jun Myun)

1) 의복수 전면(Euw Bok Su Jun Myun) 1

의복수 전면 1-1 왼소매 잡혔을 때
Someone grabs your left-sleeve.

의복수 전면 1-2 오른손으로 상대의 엄지부위와 옷깃을 감싸 잡는다.
Grab someone's thumb part and sleeve with your right hand.

의복수 전면 1-3 왼발이 들어가며 왼손을 바깥으로 돌려서 상대 손목을 꺾는다.
Step your left-leg forward and turn your left hand to outside to twist someone's wrist.

의복수 전면 1-4 손목꺾기
Twist the wrist(Son Mok Kuk Ki).

2) 의복수 전면(Euw Bok Su Jun Myun) 2

의복수 전면 2-1 왼소매 잡혔을 때
Someone grabs your left-sleeve.

의복수 전면 2-2 오른손으로 상대의 수도부위를 잡는다.
Grab someone's wrist(Su Do) with your right-hand.

의복수 전면 2-3 왼손을 아래로 내리며 상대의 손을 양손으로 맞잡는다.
Bring your-left hand down to grab someone's wrist with your both hands.

의복수 전면 2-4 상대 겨드랑 밑으로 내회전꺾기
Get down to twist someone's wrist(Nae Hoi Jun Kuk Ki).

의복수 전면 2-5 사진 참조
See the picture.

3) 의복수 전면(Euw Bok Su Jun Myun) 3

의복수 전면 3-1 왼소매 잡혔을 때
Someone grabs your left-sleeve.

의복수 전면 3-2 왼발이 앞으로 나가며 오른손으로 상대의 어깨를 잡는다.
Step your left-leg forward and grab someone's shoulder with your right-hand.

의복수 전면 3-3 오른발을 상대의 뒤쪽으로 뻗는다.
Stretch your right-leg forward.

의복수 전면 3-4 발 걸어 던지기
Bal Gul Uh Dun Ji Gi

4) 의복수 전면(Euw Bok Su Jun Myun) 4

의복수 전면 4-1 왼팔꿈치를 잡혔을 때
Someone grabs your left-elbow.

의복수 전면 4-2 오른손으로 상대의 엄지부위와 옷깃을 감싸 잡는다.
Grab someone's thumb and sleeve with your right-hand.

의복수 전면 4-3 왼발을 앞으로 내딛고 왼손을 들어올려 손을 뺀다.
Step your left-leg forward and get your left-hand out with lifting the arm up.

의복수 전면 4-4 왼손을 바깥쪽으로 돌려 상대의 팔을 눌러 꺾는다.
Turn your left-hand to the outside and Push someone's arm down to twist.

의복수 전면 4-5 사진 참조
See the picture.

5) 의복수 전면(Euw Bok Su Jun Myun) 5

의복수 전면 5-1 왼팔꿈치 잡혔을 때
Someone grabs your left-elbow.

의복수 전면 5-2 오른손으로 상대의 엄지부위를 감싸 잡는다.
Grab someone's thumb with your right-hand.

의복수 전면 5-3 왼손을 들어올리며 상대의 손을 팔꿈치에 밀착시킨다.
Lift your left-hand up and stick your left hand fast to someone's elbow.

의복수 전면 5-4 왼발을 내디디며 왼손으로 상대의 팔을 감는다.
Step your left-leg forward and grab someone's arm with your left-hand.

의복수 전면 5-4 내회전 팔꿈눌러꺾기
Twist the elbow with inside rotation(Nae Hoi Jun Pal Kub Kuk Ki).

의복수 전면 5-5 사진 참조
See the picture.

6) 의복수 전면(Euw Bok Su Jun Myun) 6

의복수 전면 6-1 왼팔꿈치 잡혔을 때
Someone grabs your left-elbow.

의복수 전면 6-2 상대의 오른발 앞으로 들어가며 왼팔은 상대의 팔을 뒤로 밀고 오른팔 안쪽으로 상대의 팔꿈치를 당긴다.
Step into someone's right-leg, and push someone's left-arm back with your left-hand and pull someone's elbow with your right-hand.

의복수 전면 6-3 몸을 돌려 상대방의 겨드랑 밑으로 들어간다.
Get into someone's under-shoulder.

의복수 전면 6-4 팔 감아 업어 던지기
Throw someone(Dun Ji Gi).

의복수 전면 6-5 사진 참조
See the picture.

7) 의복수 전면(Euw Bok Su Jun Myun) 7

의복수 전면 7-1 왼어깨 잡혔을 때
Someone grabs your left-shoulder.

의복수 전면 7-2 오른손으로 상대의 엄지 부위와 옷깃을 감싸 잡는다.
Grab someone's thumb and sleeve with your right-hand.

의복수 전면 7-3 왼발이 들어가며 왼손을 바깥으로 돌려서 상대의 손목을 밑으로 눌러 꺾는다.
Step your left-leg into and twist someone's wrist with your left-hand, moving out to the outside.

의복수 전면 7-4 사진 참조
See the picture.

8) 의복수 전면(Euw Bok Su Jun Myun) 8

의복수 전면 8-1 왼어깨 잡혔을 때
Someone grabs your left-shoulder.

의복수 전면 8-2 양손으로 상대의 손을 감싸쥐고 왼다리를 들어올린다.
Grab someone's hand with your both hands and lift your left-leg up.

의복수 전면 8-3 상대의 무릎에 안다리를 차넣기
Kick in someone's inside-knee(An Da Ri Cha Nut Ki).

의복수 전면 8-4 몸을 돌리며 상대의 팔을 꺾는다.
Turn your body to twist someone's arm.

의복수 전면 8-5 사진 참조
See the picture.

9) 의복수 전면(Euw Bok Su Jun Myun) 9

의복수 전면 9-1 왼어깨 잡혔을 때
Someone grabs your left-shoulder.

의복수 전면 9-2 오른손으로 상대의 손을 잡으며 왼손 끝으로 겨드랑이를 찌른다.
Grab someone's hand with your right-hand, and attack someone's armpit with your fingertips.

의복수 전면 9-3 왼손으로 상대의 팔꿈치에 칼 넣기
Put your hand in someone's elbow(Kal Nut Ki).

의복수 전면 9-4 사진 참조
See the picture.

10) 의복수 전면(Euw Bok Su Jun Myun) 10

의복수 전면 10-1 뒷덜미 잡혔을 때
Someone grabs back of your neck.

의복수 전면 10-2 오른발이 우측으로 빠지며 오른손을 들어올린다.
Get your right-leg out to the right-side and lift your right-hand up.

의복수 전면 10-3 오른팔 수도로 상대 팔꿈치를 친다.
Attack someone's elbow with your right-wrist(Su Do).

11) 의복수 전면(Euw Bok Su Jun Myun) 11

의복수 전면 11-1 뒷덜미 잡혔을 때
Someone grabs back of your neck.

의복수 전면 11-2 오른발이 우측으로 빠지며 양손으로 상대의 팔꿈치를 감싸잡는다.
Get your right-leg out to the right-side, and grab someone's elbow with your both hand.

의복수 전면 11-3 왼발이 외회전 하며 팔꿈치를 눌러 꺾는다.
Turn your left-leg to the inside and twist someone's elbow.

의복수 전면 11-4 사진 참조
See the picture.

12) 의복수 전면(Euw Bok Su Jun Myun) 12

의복수 전면 12-1 뒷덜미 잡혔을 때
Someone grabs back of your neck.

의복수 전면 12-2 왼발이 나가며 오른손으로 상대의 허리 감싸당긴다.
Step your left-leg forward, and pull someone's waist with your right-hand.

의복수 전면 12-3 왼손바닥으로 상대의 턱을 친다.
Attack someone's chin with your left-palm.

13) 의복수 전면(Euw Bok Su Jun Myun) 13

의복수 전면 13-1 머리카락 잡혔을 때
Someone grabs your hair.

의복수 전면 13-2 양손을 상대의 팔 위쪽으로 뻗는다.
Stretch your both hands up.

의복수 전면 13-3 뻗어올린 양손으로 상대의 팔꿈치를 아래로 당긴다.
Push someone's elbow down with your both hands.

의복수 전면 13-4 오른무릎으로 상대의 턱을 차올린다.
Attack someone's chin with your right-knee.

14) 의복수 전면(Euw Bok Su Jun Myun) 14

의복수 전면 14-1 머리카락 잡혔을 때
Someone grabs your hair.

의복수 전면 14-2 오른손으로 상대의 손을 잡고 왼손으로 상대의 손목을 잡는다.
Grab someone's hand with your right-hand and wrist with your left-hand.

의복수 전면 14-3 왼다리를 접어 들어올린다.
Lift your left-leg up.

의복수 전면 14-4 왼발로 상대의 무릎에 안다리를 차넣는다.
Kick in Someone's knee with your left-leg.

의복수 전면 14-5 겨드랑 꺾기
Twist the armpit(Gye Du Rang Ee Kuk Ki).

의복수 전면 14-6 사진 참조
See the picture.

15) 의복수 전면(Euw Bok Su Jun Myun) 15

의복수 전면 15-1 머리카락 잡혔을 때
Someone grabs your hair.

의복수 전면 15-2 오른발이 앞으로 나가며 왼손은 아래서 위로 오른손은 위에서 아래로 상대의 손을 감싸잡는다.
Step your left-leg forward and grad someone's hand with your right hand up and left hand down.

의복수 전면 15-3 몸을 낮추며 허리를 굽힌다.
Stoop your body down to band your waist.

의복수 전면 15-4 내회전 손목 꺾기
Twist soemone's wrist(Nae Hoi Jun Son Mok Kuk Ki).

의복수 전면 15-5 사진 참조
See the picture.

16) 의복수 전면(Euw Bok Su Jun Myun) 16

의복수 전면 16-1 멱살 잡혔을 때
Someone grabs your collar.

의복수 전면 16-2 오른팔을 위쪽으로 들어올린다.
Lift your right-hand up.

의복수 전면 16-3 들어올린 오른팔꿈치로 상대의 팔을 아래로 내려친다.
Attack someone's arm with your lifted-arm's elbow.

의복수 전면 16-4 오른손으로 상대의 목 뒤쪽을 잡고 오른무릎을 올려찬다.
Grab back of someone's neck with your right-hand and kick with your knee up.

의복수 전면 16-5 왼팔꿈치로 상대의 목 뒤쪽 팔꿈치 쳐내리기
Attack with your elbow down(Pal Kum Chi Chu Nae Ri Gi).

17) 의복수 전면(Euw Bok Su Jun Myun) 17

의복수 전면 17-1 멱살 잡혔을 때
Someone grabs your collar.

의복수 전면 17-2 양손으로 상대의 손을 잡고 왼 다리를 접어 들어올린다.
Grab someone's hand with your both hands and life your left-leg up.

의복수 전면 17-3 들어올린 왼다리로 상대의 무릎에 안다리를 차넣는다.
Kick your left-leg in someone's knee.

의복수 전면 17-4 겨드랑 꺾기
Twist someone's arm(Gye Du Rang Ee Kuk Ki).

의복수 전면 17-5 사진 참조
See the picture.

18) 의복수 전면(Euw Bok Su Jun Myun) 18

의복수 전면 18-1 멱살 잡혔을 때
Someone grabs your collar.

의복수 전면 18-2 오른발이 오른쪽으로 나가며 오른손은 아래서 위로 왼손은 위에서 아래로 상대의 손을 감싸잡는다.
Step your right-leg forward and grab someone's hand with your right hand up and left hand down.

의복수 전면 18-3 바깥쪽에서부터 상대의 팔 밑으로 빠져나간다.
Get your body out from the inside to the outside.

의복수 전면 18-4 내회전 꺾기
Twist the arm(Nae Hoi Jun Kuk Ki).

의복수 전면 18-5 사진 참조
See the picture.

19) 의복수 전면(Euw Bok Su Jun Myun) 19

의복수 전면 19-1 상대가 왼손으로 멱살 치켜 올려 잡았을 때
Someone grabs your collar up.

의복수 전면 19-2 양손으로 상대의 손을 잡아 몸에 밀착시킨다.
Grab someone's hand with your both hands and put them closing to you.

의복수 전면 19-3 왼발이 앞으로 나가며 상대의 손목을 틀어 꺾는다.
Step your left-leg forward and twist someone's wrist.

의복수 전면 19-4 사진 참조
　See the picture.

20) 의복수 전면(Euw Bok Su Jun Myun) 20

의복수 전면 20-1 상대가 왼손으로 멱살 치켜 올려 잡았을 때
Someone grabs your collar up.

의복수 전면 20-2 양손으로 상대의 손을 잡아 몸에 밀착시킨다.
Grab someone's hand with your both hands and put it closing to you.

의복수 전면 20-3 왼발이 앞으로 나가며 상대의 손목을 양손으로 잡는다.
Step forward and grab someone's hand with your both hands.

의복수 전면 20-4 오른발이 뒤로 돌며 상대의 손목을 틀어 꺾는다.
Turn back your right-leg and twist someone's wrist.

의복수 전면 20-5 사진 참조
See the picture.

21) 의복수 전면(Euw Bok Su Jun Myun) 21

의복수 전면 21-1 상대가 왼손으로 멱살 치켜 올려 잡았을 때
Someone grabs your collar up.

의복수 전면 21-2 오른손으로 상대의 앞머리를 잡고 왼손으로 턱을 잡는다.
Grab someone's hair with your right-hand and chin with your left-hand.

의복수 전면 21-3 상대의 목을 틀어 잡는다.
Twist and grab someone' neck.

의복수 전면 21-4 목을 틀어 꺾은 채 뒤쪽으로 넘긴다.
Turn someone over.

의복수 전면 21-5 사진 참조
See the picture.

22) 의복수 전면(Euw Bok Su Jun Myun) 22

의복수 전면 22-1 상대가 오른손으로 멱살 눕혀 잡았을 때
Someone garbs your collar down with right-hand.

의복수 전면 22-2 왼발이 앞으로 들어간다.
Step forward your left-leg.

의복수 전면 22-3 오른발 뒤로 돌려 상대의 팔꿈치에 칼넣기
Turn back your right-leg and put your hand in to someone's elbow(Kal Nut Ki).

의복수 전면 22-4 사진 참조
See the picture.

23) 의복수 전면(Euw Bok Su Jun Myun) 23

의복수 전면 23-1 오른손으로 멱살 눕혀 잡았을 때
Someone grab your collar down with right-hand.

의복수 전면 23-2 양손으로 상대의 손목을 감싸 쥐고 왼다리를 접은 채 들어올린다.
Grab someone's wrist with your both hands and left your left-leg up.

의복수 전면 23-3 왼발로 상대의 오른다리에 안다리를 차넣는다.
Kick your left-leg in someone's leg.

의복수 전면 23-4 겨드랑 꺾기
Twist the arm(Gye Du Rang Ee Kuk Ki).

의복수 전면 23-5 사진 참조
See the picture.

24) 의복수 전면(Euw Bok Su Jun Myun) 24

의복수 전면 24-1 오른손으로 멱살 눕혀 잡았을 때

Someone grabs your collar down with right-hand.

의복수 전면 24-2 왼발이 왼쪽으로 빠지며 양손으로 상대의 손목을 감싸잡는다.

Get your left-leg out and grab someone's wrist with your both hands.

의복수 전면 24-3 손목을 잡은 채 몸을 회전시킨다.

Rotate your body.

의복수 전면 24-4 오른다리로 상대의 오금을 걸어당긴다.

Trip and pull someone's Oh Gum with your right-leg.

의복수 전면 24-5 사진 참조
See the picture.

25) 의복수 전면(Euw Bok Su Jun Myun) 25

의복수 전면 25-1 상대방이 오른손으로 띠 잡았을 때
Someone grabs your belt with right-hand.

의복수 전면 25-2 오른손으로 상대의 엄지부위를 잡고 왼손으로는 상대의 옆손목을 잡는다.
Grab someone's thumb with your right-hand and someone's side-wrist with your left-hand.

의복수 전면 25-3 상대의 손목을 눌러세워 꺾는다.
Twist someone's wrist up.

의복수 전면 25-4 상대의 손목 눌러꺾기
Twist(Nul Lur Kuk Ki).

의복수 전면 25-5 사진 참조
See the picture.

26) 의복수 전면(Euw Bok Su Jun Myun) 26

의복수 전면 26-1 상대방이 오른손으로 띠 잡았을 때
Someone grabs your belt with right-hand.

의복수 전면 26-2 상대 팔 밑으로 양손바닥을 마주댄다.
Put your palms together under someone's hand.

의복수 전면 26-3 팔로 상대 오른손을 안에서 바깥으로 감아 잡는다.
Grab someone's hand with your both hands.(from the inside to the outside).

의복수 전면 26-4 왼손으로 칼넣기
Attack with your hand(Kal Nut Ki).

의복수 전면 26-5 사진 참조
See the picture.

27) 의복수 전면(Euw Bok Su Jun Myun) 27

의복수 전면 27-1 상대방이 오른손으로 띠 잡았을 때

Someone grabs your belt with right-hand.

의복수 전면 27-2 오른손으로 상대의 엄지부위를 잡고 왼손으로는 상대의 옆손목을 덮어잡는다.

Grabs someone's thumb with your right-hand and someone's side-wrist with your left-hand.

의복수 전면 27-3 상대의 팔을 뒤에서 앞쪽으로 돌려 꺾는다.

Twist someone's arm from the back to the front.

의복수 전면 27-4 몸을 돌리며 왼발을 오른쪽으로 차올린다.

Turn your body and left your right-leg up.

의복수 전면 27-5 측방낙법을 하듯이 겨드랑 꺾기
Cheuk Bang Nak Bup, And Gye Du Rang Ee Kuk Ki.

의복수 전면 27-6 사진 참조
See the picture.

28) 의복수 전면(Euw Bok Su Jun Myun) 28

의복수 전면 28-1 상대방이 왼손으로 띠 치켜올려 잡았을 때
Someone grabs your belt up with left-hand.

의복수 전면 28-2 양 엄지로 상대의 손등을 눌러 잡고 당겨서 몸에 밀착시킨다.
Grab someone's hand with your both hands (thumbs) and put them closing to you.

의복수 전면 28-3 왼발이 앞으로 나간다.
Step your left-leg forward.

의복수 전면 28-4 몸을 숙이며 상대의 손목을 눌러 꺾는다.
Stoop your body and twist someone's wrist.

의복수 전면 28-5 사진 참조
See the picture.

29) 의복수 전면(Euw Bok Su Jun Myun) 29

의복수 전면 29-1 상대방이 왼손으로 띠 치켜올려 잡았을 때
Someone grabs your belt up with left-hand.

의복수 전면 29-2 왼발이 상대의 왼발 앞으로 나가며 오른손으로 상대의 손목을 잡고 왼손을 상대의 겨드랑 밑으로 넣는다.
Step your left-leg forward and grab someone's wrist with your right-hand and put your left-hand in under the shoulder.

의복수 전면 29-3 몸을 회전시키며 어깨를 상대의 겨드랑 밑으로 밀어넣는다.
Rotate your body and put your shoulder in to someone's armpit.

의복수 전면 29-4 팔감아 던지기
Pal Gam Ah Dun Ji Gi.

의복수 전면 29-5 사진 참조
See the picture.

30) 의복수 전면(Euw Bok Su Jun Myun) 30

의복수 전면 30-1 상대가 왼손으로 띠 치켜 올려 잡았을 때
Someone grabs your belt up with right-hand.

의복수 전면 30-2 오른손으로 상대의 손목을 잡고 왼손을 상대의 겨드랑이 밑으로 밀어넣는다.
Grab someone's wrist with your right-hand and put your left-hand in to someone's armpit.

의복수 전면 30-3 왼발이 앞으로 깊게 들어가며 왼손으로 상대의 무릎을 잡는다.
Step your left-leg forward and hold someone's knee with your left-hand.

의복수 전면 30-4 왼팔 위팔부위로 상대의 팔꿈치를 꺾는다.
Twist someone's arm with your upper-arm.

2. 의복수 후면(Euw Bok Su Hoo Myun)

1) 의복수 후면(Euw Bok Su Hoo Myun) 1

의복수 후면 1-1 뒤에서 오른손으로 뒷덜미 잡았을 때
Someone grabs back of your neck with right-arm from behind.

의복수 후면 1-2 왼발을 뒤로 빼며 왼팔꿈치로 상대의 명치를 가격한다.
Get your left-leg back and attack someone's pit of stomach with your elbow.

의복수 후면 1-3 양손으로 상대의 목을 감아쥔다.
Hold someone's neck with your both hands.

의복수 후면 1-4 상대의 목을 감아 던지기
Throw someone.

의복수 후면 1-5 사진 참조
See the picture.

2) 의복수 후면(Euw Bok Su Hoo Myun) 2

의복수 후면 2-1 뒤에서 오른손으로 뒷덜미 잡았을 때
Someone grabs back of your neck with right-arm from behind.

의복수 후면 2-2 왼발이 상대의 오른쪽 발 앞으로 나가며 양손으로 상대의 팔꿈치를 잡는다.
Step your left-leg forward and grab someone's elbow with your both hands.

의복수 후면 2-3 오른발 뒤로 돌며 상대의 팔을 꺾는다.
Turn your right-leg and twist the arm.

의복수 후면 2-4 상대의 팔꿈을 꺾어누른다.
Twist the elbow and push down.

의복수 후면 2-5 사진 참조
See the picture.

3) 의복수 후면(Euw Bok Su Hoo Myun) 3

의복수 후면 3-1 뒤에서 오른손으로 뒷덜미 잡았을 때
Someone grabs back of your neck with right-arm from behind.

의복수 후면 3-2 왼발이 뒤로 빠지며 왼손으로 상대의 허리를 감싸쥐고 오른손으로 상대의 팔을 잡는다.
Get your left-leg back, and grab someone's waist with your left-hand and someone's arm with your right-hand.

의복수 후면 3-3 몸을 틀며 상대를 등진다.
Twist your body and carry someone on your back.

의복수 후면 3-4 상대의 허리감아 던지기
Twist your arm around someone's waist and throw.

의복수 후면 3-5 사진 참조
See the picture.

4) 의복수 후면(Euw Bok Su Hoo Myun) 4

의복수 후면 4-1 뒤에서 양어깨 잡혔을 때
Someone grabs your shoulders from behind.

의복수 후면 4-2 왼쪽 어깨를 뒤로 틀며 오른손으로 상대 손을 잡는다.
Turn your left-shoulder to the back and grab someone's hand with your right-hand.

의복수 후면 4-3 왼발을 상대의 몸 안쪽으로 밀어넣으며 몸을 튼다.
Step your left-leg forward and turn your body.

의복수 후면 4-4 왼손 정권으로 상태의 턱을 쳐올린다.
Attack someone's chin with your folding-hand.

의복수 후면 4-5 왼 팔꿈치로 상대의 가슴을 내려친다.
Attack someone's chest with your left-elbow.

5) 의복수 후면(Euw Bok Su Hoo Myun) 5

의복수 후면 5-1 뒤에서 양어깨 잡혔을 때
Someone grabs your shoulders from behind.

의복수 후면 5-2 왼쪽 어깨를 뒤로 틀며 오른손으로 상대의 손을 잡는다.
Turn your left-shoulder to the back and grab someone's hand with your right-hand.

의복수 후면 5-3 몸을 틀어 상대의 손목을 꺾는다.
Turn your body and twist someone's wrist.

의복수 후면 5-4 상대의 손목을 꺾은 채 몸을 숙인다.
Stoop your body down while twisting the wrist.

의복수 후면 5-5 왼손을 돌려 상대의 손목을 꺾어누른다.
Lift your left-hand up to twist and push someone's wrist down.

의복수 후면 5-6 사진 참조
See the picture.

6) 의복수 후면(Euw Bok Su Hoo Myun) 6

의복수 후면 6-1 뒤에서 양 어깨 잡혔을 때
Someone grabs your shoulders from behind.

의복수 후면 6-2 왼어깨를 뒤로 틀며 왼손으로 상대의 손을 잡고 오른손으로 상대의 팔꿈치를 잡는다.
Turn your left-shoulder to the back, and grab someone's hand with your left-hand and someone's elbow with your right-hand.

의복수 후면 6-3 몸을 돌리며 상대의 겨드랑이 밑으로 내회전
Turn your body and get out through someone's armpit (Nae Hoi Jun).

의복수 후면 6-4 상대의 팔을 꺾어올린다.
Twist the arm.

의복수 후면 6-5 상대의 왼다리 오금에 안다리를 차넣기
Kick your leg in someone's Oh Gum.

의복수 후면 6-6 사진 참조
See the picture.

7) 의복수 후면(Euw Bok Su Hoo Myun) 7

의복수 후면 7-1 뒤에서 양팔꿈치 잡혔을 때
Someone grabs your elbows from behind.

의복수 후면 7-2 왼발을 왼쪽 45도 뒤로 뺀다.
Get your left-leg out at the 45 degrees.

의복수 후면 7-3 오른발도 따라서 뒤쪽으로 뺀다.
Get your right-leg out, too.

의복수 후면 7-4 오른팔꿈치로 상대의 무릎 안쪽을 친다.
Attack someone's knee with your right-elbow.

의복수 후면 7-5 오른 팔꿈치로 상대의 명치를 가격한다.
Attack someone's pit of the stomach with your right-elbow.

의복수 후면 7-6 사진 참조
See the picture.

8) 의복수 후면(Euw Bok Su Hoo Myun) 8

의복수 후면 8-1 뒤에서 양팔꿈치 잡혔을 때
Someone grabs your elbows from behind.

의복수 후면 8-2 왼쪽으로 체중을 이동한다.
Move your body weight to the left-side.

의복수 후면 8-3 몸을 시계반대방향으로 회전하여 상대의 겨드랑이 밑으로 내회전.
Turn your body to the counterclockwise and get out through someone's armpit.

의복수 후면 8-4 오른팔오금으로 상대의 오른손목을 감싼다.
Grab someone's right-wrist with your right-Oh Gum.

의복수 후면 8-5 왼발을 앞으로 내딛으며 칼넣기
Step your left-leg forward and Kal Nut Ki.

9) 의복수 후면(Euw Bok Su Hoo Myun) 9

의복수 후면 9-1 뒤에서 양팔꿈치 잡혔을 때
Someone grabs your elbows from behind.

의복수 후면 9-2 왼발을 뒤로 뺀다.
Get your left-leg back.

의복수 후면 9-3 오른발을 상대 뒤쪽으로 빼며 양손으로 상대의 양 무릎을 잡는다.
Get your right-leg back and grab someone's both-knees with your both-hands.

의복수 후면 9-4 상체를 세우며 상대의 양무릎을 들어올린다.
Straighten up your upper body and lift someone's both knees.

의복수 후면 9-5 상대의 양 무릎을 들어 뒤로 던진다.
Lift someone's knees up to throw.

제3부
안았을 때 Hold You

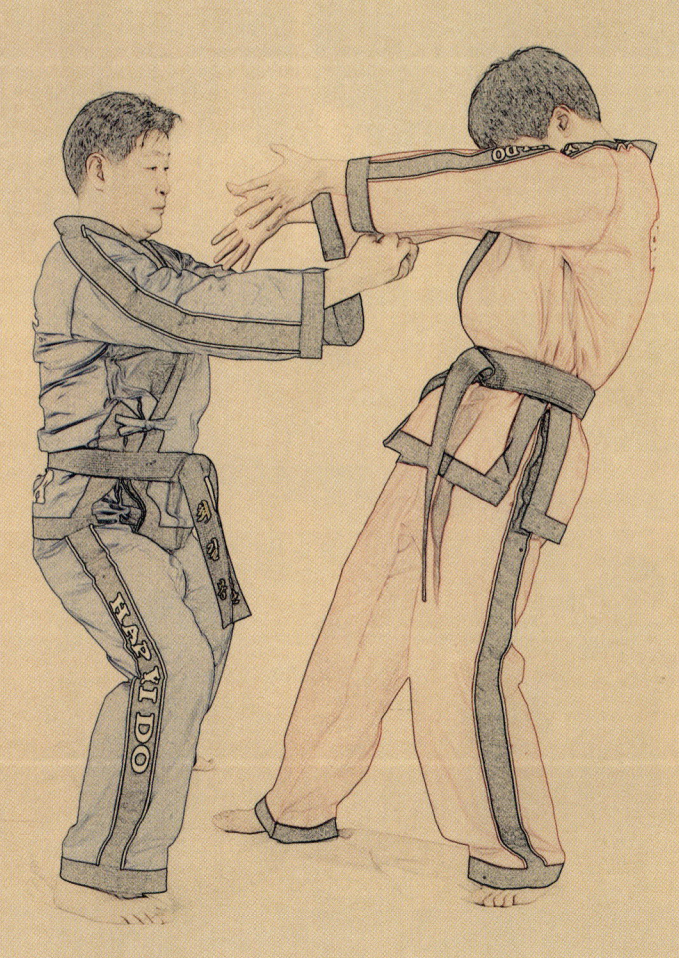

1. 앞쪽에서 안았을 때(Hold You, Front)

1) 앞쪽에서 안았을 때(Hold You, Front) 1

앞쪽에서 안았을 때 1-1 앞에서 팔 밑으로 끌어 안았을 때
Someone holds you as the picture.

앞쪽에서 안았을 때 1-2 양팔을 들어올린다.
Lift the both arms up.

앞쪽에서 안았을 때 1-3 중지권으로 상대의 가슴을 친다.
Attack someone's chest with your hands (Joong Ji Kwon).

앞쪽에서 안았을 때 1-4 사진 참조
See the picture.

2) 앞쪽에서 안았을 때(Hold You, Front) 2

앞쪽에서 안았을 때 2-1 앞에서 팔 안으로 끌어 안았을 때

Someone holds you as the picture.

앞쪽에서 안았을 때 2-2 오른손 상대 턱에 대며, 왼손으로 허리를 감싸안는다.

Put your right-hand on someone's chin and hold the waist round with your left-hand.

앞쪽에서 안았을 때 2-3 오른발 상대 다리 사이로 깊이 들어가 왼손으로 허리를 당기며 오른손으로 턱을 민다.

Step forward your right-leg between someone' legs, pull the waist with your left-hand, and push the chin with your right-hand.

앞쪽에서 안았을 때 2-4 턱 밀며 허리꺾기
Push the chin and twist the waist (Tuk Mil Myu Her Ri Kuk Ki).

3) 앞쪽에서 안았을 때(Hold You, Front) 3

앞쪽에서 안았을 때 3-1 앞에서 팔 위쪽 끌어안았을 때
Someone holds you as the picture.

앞쪽에서 안았을 때 3-2 몸을 낮추며 양팔을 들어올린다.
Get your body down and lift your both arms up.

앞쪽에서 안았을 때 3-3 양 손바닥으로 상대의 갈비뼈를 친다.
Attack someone's chest with your both palms.

앞쪽에서 안았을 때 3-4 사진 참조
See the picture.

4) 앞쪽에서 안았을 때(Hold You, Front) 4

앞쪽에서 안았을 때 4-1 앞에서 팔로 끌어안았을 때
Someone holds you as the picture.

앞쪽에서 안았을 때 4-2 양 엄지 끝으로 상대의 샅부위를 민다.
Push someone's waist (Sat) with your both thumbs.

앞쪽에서 안았을 때 4-3 오른발을 상대 오른발 뒤로 들어가며 허리를 감는다.
Get your right-leg into someone's back of right-leg and hold the waist round.

앞쪽에서 안았을 때 4-4 상대의 허리를 안아던지기
Hold the waist round and throw.

5) 앞쪽에서 안았을 때(Hold You, Front) 5

앞쪽에서 안았을 때 5-1 앞에서 팔 위로 끌어안았을 때
Someone holds you as the picture.

앞쪽에서 안았을 때 5-2 왼손과 오른손을 위로 뺀다.
Get out your left-hand and right-hand to the top.

앞쪽에서 안았을 때 5-3 오른팔을 위로 치켜든다.
Lift your right arm up.

앞쪽에서 안았을 때 5-4 상대 뒷목 팔꿈 쳐내리기
Attack someone's back of the neck with your right-elbow.

6) 앞쪽에서 안았을 때(Hold You, Front) 6

앞쪽에서 안았을 때 6-1 앞에서 목 감았을 때
Someone holds your neck as the picture.

앞쪽에서 안았을 때 6-2 자세를 낮추며 오른손으로 상대의 팔을 잡아당긴다.
Get down your body, grab and pull the arm with your right-hand.

앞쪽에서 안았을 때 6-3 왼팔로 상대의 낭심을 쳐올린다.
Attack Nang Shim with your left-hand up.

7) 앞쪽에서 안았을 때(Hold You, Front) 7

앞쪽에서 안았을 때 7-1 앞에서 목 감아 잡았을 때
Someone holds your neck as the picture.

앞쪽에서 안았을 때 7-2 상대 팔을 양손으로 당기며 무릎으로 상대의 낭심을 찬다.
Pull someone's arms with your both hands, and kick someone's Nang Shim with your knee.

앞쪽에서 안았을 때 7-3 상대의 팔밑으로 내회전
Turn inside through someone's armpit.

앞쪽에서 안았을 때 7-4 상대의 팔을 등 뒤쪽으로 꺾어 올린다.
Twist someone's arm from the back.

앞쪽에서 안았을 때 7-5 오른손으로 상대의 목을 감아 당긴다.
Grab and pull the neck with your right-hand.

앞쪽에서 안았을 때 7-6 상대 가슴 팔꿈 쳐내리기
Attack someone's chest with your elbow.

2. 뒤쪽에서 안았을 때(Hold You, back)

1) 뒤쪽에서 안았을 때(Hold You, back) 1

뒤쪽에서 안았을 때 1-1 뒤에서 팔 안으로 껴안겼을 때
Someone holds you as the picture.

뒤쪽에서 안았을 때 1-2 오른팔꿈치로 상대의 턱을 친다.
Attack someone's chin with your right-elbow.

뒤쪽에서 안았을 때 1-3 왼팔꿈치로 상대의 턱을 친다.
Attack someone's chin with your left-elbow.

제3부 안았을 때 · 195

뒤쪽에서 안았을 때 1-4 상체를 숙여 상대의 오른발 뒤꿈치를 앞으로 잡아당긴다.
Stoop your body down, grab someone's right-heel, and pull it.

뒤쪽에서 안았을 때 1-5 엉덩이로 무릎을 눌러 꺾는다.
Push down someone's knee with your hips, and twist it.

2) 뒤쪽에서 안았을 때(Hold You, back) 2

뒤쪽에서 안았을 때 2-1 뒤에서 팔 안으로 껴안 겼을 때
Someone holds you as the picture.

뒤쪽에서 안았을 때 2-2 왼손과 오른손으로 상대의 손목과 손을 잡는다.
Grab someone's hand and wrist with your right-hand and left-hand.

뒤쪽에서 안았을 때 2-3 중심을 아래로 내리면서 상대 왼손목을 꺾어올린다.
Get down your body weight, and twist someone's wrist.

뒤쪽에서 안았을 때 2-4 앞으로 외회전 하며 손목을 꺾는다.
Turn your body to twist the wrist.

뒤쪽에서 안았을 때 2-5 사진 참조
See the picture.

3) 뒤쪽에서 안았을 때(Hold You, back) 3

뒤쪽에서 안았을 때 3-1 뒤에서 팔 안쪽으로 깍지낀 채 껴안겼을 때
Someone holds you as the picture.

뒤쪽에서 안았을 때 3-2 오른팔꿈치로 상대의 턱을 친다.
Attack someone's chin. With your right-elbow.

뒤쪽에서 안았을 때 3-3 왼팔꿈치로 상대의 턱을 친다.
Attack someone's chin with your left-elbow.

뒤쪽에서 안았을 때 3-4 허리를 숙여 상대의 오른 발꿈치를 잡는다.
Stoop your body, grab someone's right-heel, and pull it.

뒤쪽에서 안았을 때 3-5 상대의 오른 발꿈치를 앞으로 잡아당긴다.
Pull the right-heel along.

뒤쪽에서 안았을 때 3-6 엉덩이로 무릎을 눌러 꺾는다.
Push down someone's knee with your hips, and twist it.

4) 뒤쪽에서 안았을 때(Hold You, back) 4

뒤쪽에서 안았을 때 4-1 뒤에서 팔 안쪽으로 깍지낀 채 껴안겼을 때
Someone holds you as the picture.

뒤쪽에서 안았을 때 4-2 상대의 양손을 깍지 껴 감싸잡는다.
Grab someone's both hands with locking your fingers together.

뒤쪽에서 안았을 때 4-3 자세를 낮추면서 상체를 앞으로 숙이고 깍지낀 손 아래로 민다.
Stoop your body down, and push the hands down.

뒤쪽에서 안았을 때 4-4 오른손으로 상대의 가운데손가락을 돌려잡는다.
Grab someone's middle finger with your right-hand.

뒤쪽에서 안았을 때 4-5 왼쪽으로 돌아나오며 아래로 꺾는다.
Get out to the left-side, and twist.

뒤쪽에서 안았을 때 4-6 사진 참조
See the picture.

5) 뒤쪽에서 안았을 때(Hold You, back) 5

뒤쪽에서 안았을 때 5-1 뒤에서 팔 바깥으로 깍지낀 채 껴안겼을 때
Someone holds you as the picture.

뒤쪽에서 안았을 때 5-2 자세를 낮추며 팔을 앞으로 펴서 빠져 나온다.
Get down your body, and push your arm forward to get out.

뒤쪽에서 안았을 때 5-3 오른팔꿈치로 상대의 갈비뼈를 가격한다.
Attack someone's ribs with your right elbow.

뒤쪽에서 안았을 때 5-4 왼팔꿈치로 상대의 명치를 가격한다.
Attack someone's pit of the stomach with your left-elbow.

6) 뒤쪽에서 안았을 때(Hold You, back) 6

뒤쪽에서 안았을 때 6-1 뒤에서 팔 바깥으로 껴 안겼을 때
Someone holds you as the picture.

뒤쪽에서 안았을 때 6-2 왼발을 뒤로 빼며 양팔로 상대의 양팔을 잡는다.
Step back your left-leg, and grab someone's both hands with your both hands.

뒤쪽에서 안았을 때 6-3 상대의 양팔을 잡은 채로 허리를 숙인다.
Stoop your body down.

뒤쪽에서 안았을 때 6-4 상체를 굽히며 어깨던지기
Throw(Ur Ke Dun Ji Gi).

뒤쪽에서 안았을 때 6-5 사진 참조
See the picture.

7) 뒤쪽에서 안았을 때(Hold You, back) 7

뒤쪽에서 안았을 때 7-1 뒤에서 팔 바깥으로 껴 안겼을 때
Someone holds you as the picture.

뒤쪽에서 안았을 때 7-2 왼팔을 들어 뺀다.
Get out your left-arm, lifting up.

뒤쪽에서 안았을 때 7-3 오른팔도 들어 뺀다.
Get out your right-arm, lifting up.

뒤쪽에서 안았을 때 7-4 왼팔꿈치로 상대의 턱을 가격하고, 오른팔꿈치로 상대의 턱을 가격한다.
Attack someone's chin with your left-elbow and with your right-elbow.

뒤쪽에서 안았을 때 7-5 허리를 숙여 상대의 오른발꿈치를 잡는다.
Bend your body, and grab the right-heel.

뒤쪽에서 안았을 때 7-6 앞으로 잡아당기며 엉덩이로 눌러 꺾는다.
Pull the leg along, and twist with your hips.

8) 뒤쪽에서 안았을 때(Hold You, back) 8

뒤쪽에서 안았을 때 8-1 뒤에서 겨드랑이 밑으로 양 어깨를 잡았을 때
Someone holds you as the picture.

뒤쪽에서 안았을 때 8-2 양팔을 위로 쭉 뻗는다.
Stretch your both arms up.

뒤쪽에서 안았을 때 8-3 자세를 낮추며 팔꿈치로 상대의 팔을 내려친다.
Get your body weight down, and attack someone's both arms with your both elbows.

뒤쪽에서 안았을 때 8-4 오른팔꿈치, 다시 왼팔 꿈치로 상대의 턱을 가격한다.
Attack someone's chin with your right-elbow and with your left-elbow.

뒤쪽에서 안았을 때 8-5 허리를 숙여 상대의 오른발꿈치를 잡는다.
Bend your body, and grab the right-heel.

뒤쪽에서 안았을 때 8-6 앞으로 잡아당기며 엉덩이로 눌러 꺾는다.
Pull the leg along, and twist with your hips.

9) 뒤쪽에서 안았을 때(Hold You, back) 9

뒤쪽에서 안았을 때 9-1 뒤에서 겨드랑이 밑으로 양 어깨를 잡았을 때
Someone holds you as the picture.

뒤쪽에서 안았을 때 9-2 왼손으로 상대의 오른손을 잡는다.
Grab someone's right-hand with your left-hand.

뒤쪽에서 안았을 때 9-3 상체를 앞으로 숙이며 상대의 손목을 꺾어 어깨에서 떼어낸다.
Stoop your body, and twist someone's wrist to get out from your body.

뒤쪽에서 안았을 때 9-4 오른손으로 상대의 손을 같이 잡아 손목을 꺾는다.
Grab someone's hand with your right-hand, and twist the wrist.

뒤쪽에서 안았을 때 9-5 손목 꺾기
Son Mok Kuk Ki.

10) 뒤쪽에서 안았을 때(Hold You, back) 10

뒤쪽에서 안았을 때 10-1 목 뒤로 깍지껴 잡았을 때
Someone holds you as the picture.

뒤쪽에서 안았을 때 10-2 양손을 깍지껴서 상대의 손위로 덮어 잡는다.
Lace your both hands, and put them on someone's top of the hands.

뒤쪽에서 안았을 때 10-3 상체를 숙이며 팔을 앞으로 밀어뺀다.
Stoop your body, and push your hands to get out.

뒤쪽에서 안았을 때 10-4 왼손을 돌려 상대의 중지를 잡는다.
Grab someone's middle finger with your left-hand.

뒤쪽에서 안았을 때 10-5 왼쪽으로 돌아나와 손가락을 아래로 꺾는다.
Get out your body to the left-side, and twist the finger.

11) 뒤쪽에서 안았을 때(Hold You, back) 11

뒤쪽에서 안았을 때 11-1 목뒤로 깍지껴 잡았을 때
Someone holds you as the picture.

뒤쪽에서 안았을 때 11-2 양 팔을 위로 올린다.
Lift your both arms up.

뒤쪽에서 안았을 때 11-3 머리는 뒤로 젖히고 중심은 아래로 향하며 팔꿈치로 상대의 팔을 내리친다.
Bend your head back, get your body weight down, and attack someone's arms with your elbows.

뒤쪽에서 안았을 때 11-4 오른쪽 팔꿈치, 그리고 왼쪽 팔꿈치로 상대의 턱을 가격한다.
Attack someone's chin with your right-elbow.
Attack someone's chin with your left-elbow.

뒤쪽에서 안았을 때 11-5 상체를 숙여 상대의 오른발 뒤꿈치를 앞으로 잡아당긴다.
Bend your body, grab the right-heel, and pull it along.

뒤쪽에서 안았을 때 11-6 엉덩이로 무릎을 눌러 꺾는다.
Push down someone's knee with your hips, and twist it.

12) 뒤쪽에서 안았을 때(Hold You, back) 12

뒤쪽에서 안았을 때 12-1 뒤에서 목을 조를 때
Someone chokes you as the picture.

뒤쪽에서 안았을 때 12-2 양손으로 상대의 팔을 밑으로 내린다.
Push down the someone's arms with your both hands.

뒤쪽에서 안았을 때 12-3 왼손으로 상대의 뒷머리를 잡는다.
Grab the someone's back of the head with your left-hand.

뒤쪽에서 안았을 때 12-4 상대의 뒷머리를 잡고 어깨던지기
Ur Ke Dun Ji Gi

뒤쪽에서 안았을 때 12-5 사진 참조
See the picture.

13) 뒤쪽에서 안았을 때(Hold You, back) 13

뒤쪽에서 안았을 때 13-1 뒤에서 목을 조를때
Someone chokes you as the picture.

뒤쪽에서 안았을 때 13-2 양손으로 상대의 팔을 잡아 당긴다.
Pull the someone's arms with your both hands.

뒤쪽에서 안았을 때 13-3 왼발을 앞으로 들어 올린다.
Lift your left-leg up.

뒤쪽에서 안았을 때 13-4 들어올렸던 왼발을 뒤로 깊게 뺀다.
Get your left-leg back.

뒤쪽에서 안았을 때 13-5 상체를 앞으로 숙이며 어깨던지기
Stoop your body, and throw(Ur Ke Dun Ji Gi).

뒤쪽에서 안았을 때 13-6 사진참조
See the picture.

14) 뒤쪽에서 안았을 때(Hold You, back) 14

뒤쪽에서 안았을 때 14-1 옆에서 목 졸랐을 때
Someone chokes your neck as the picture.

뒤쪽에서 안았을 때 14-2 팔로 상대의 낭심을 가격한다.
Attack someone's Nang Shim with your arm.

뒤쪽에서 안았을 때 14-3 사진 참조
See the picture.

15) 뒤쪽에서 안았을 때(Hold You, back) 15

뒤쪽에서 안았을 때 15-1 옆에서 목 졸랐을 때
Someone chokes your neck as the picture.

뒤쪽에서 안았을 때 15-2 왼손 중지로 상대의 목을 잡아당긴다.
Pull the someone's neck with your middle finger.

뒤쪽에서 안았을 때 15-3 오른손 엄지로 상대의 오른다리 오금을 누른다.
Push the someone's knee(Oh Gum) with your right-thumb.

뒤쪽에서 안았을 때 15-4 뒤로 당겨 넘긴다.
Pull back.

뒤쪽에서 안았을 때 15-5 사진 참조
See the picture.